DIE SCHÖNSTEN MÄRCHENKLASSIKER

Drei Wünsche frei

Mit Bildern von Anne Bernhardi

Nacherzählt von Arnica Esterl

esslinger

Mehr über unsere Bücher, Autoren und Illustratoren unter:
www.esslinger-verlag.de

Die schönsten Märchenklassiker
Drei Wünsche frei
ISBN 978-3-480-23290-1

Grafische Gestaltung: Tanja Haaf
Reproduktion: Schwabenrepro GmbH
Druck und Bindung: Livonia Print, Riga, Lettland

© 2016 Esslinger
in der Thienemann-Esslinger Verlag GmbH
Blumenstraße 36, 70182 Stuttgart
Printed in Latvia
Alle Rechte vorbehalten

Inhalt

Das Mädchen aus dem Apfel 5

Aschenbrödel 11

Die Elfenkönigin Hild 25

Der Ritter im Feenland 37

Eselshaut 49

Fingerhütchen 67

Der Elfenring 77

Quellenverzeichnis 80

Das Mädchen aus dem Apfel

Es waren einmal ein König und eine Königin, die wünschten sich schon lange vergeblich ein Kind. Darüber waren sie tief betrübt.

Eines Tages begegnete die Königin in ihrem Garten einer alten Frau und klagte: „Warum kann ich keine Kinder bekommen, so wie der Apfelbaum dort Äpfel trägt?"

„Tröste dich!", sagte die Alte. „Auch du wirst eines Tages Frucht tragen, wie der Apfelbaum."

Da geschah es, dass die Königin schwanger wurde, aber als die Zeit gekommen war, gebar sie nicht ein Kind, sondern einen Apfel, einen so schönen rot und weiß glänzenden Apfel, wie man noch nie einen gesehen hatte. Der König nahm den Apfel, legte ihn in eine goldene Schale und stellte die Schale hinaus auf den Balkon seines Palastes.

Gegenüber dem königlichen Palast aber stand das Haus eines reichen Fürsten. Als dieser eines Tages an seinem Fenster stand und hinausschaute, erblickte er auf dem Balkon des Königspalasts ein wunderschönes Mädchen, weiß und rot wie ein Apfel, das saß da und wusch und kämmte sich in der Sonne. Kaum aber hatte das Mädchen bemerkt, dass es beobachtet wurde, eilte es zu der goldenen Schale, schlüpfte in den Apfel hinein und war verschwunden.

Nur wenige Augenblicke waren vergangen, aber der junge Fürst hatte sich auf der Stelle in das schöne Mädchen verliebt. Nun war guter Rat teuer. „Wie kann ich das Mädchen für mich gewinnen?" Er überlegte hin und her, schließlich fasste er sich ein Herz, ging zum Palast und machte der Königin seine Aufwartung.

„Majestät", sagte er, „ich bitte Euch um eine Gunst."

„Einem freundlichen Nachbarn will ich gerne Hilfe gewähren", antwortete die Königin.

„Nun, so schenkt mir bitte den schönen Apfel, der draußen auf Eurem Balkon liegt."

„Ja, wo denkt Ihr denn hin, mein Fürst", rief die Königin verwundert. „Wisst Ihr denn nicht, dass ich diesen Apfel sehnlichst herbeigesehnt, dass ich ihn geboren habe?"

Aber der Fürst bedrängte sie so sehr, dass sie endlich nachgab.

„Ich will ihn Euch überlassen, um die gute Freundschaft nicht zu zerstören. Aber hegt und pflegt mir den Apfel wohl!", bat sie.

Behutsam trug der Fürst die goldene Schale hinüber in sein Haus und stellte sie in sein Gemach. Dann holte er alles herbei, was zum Waschen und Kämmen nötig war, und schloss sich mit dem Apfel in sein Zimmer ein.

Das schöne Mädchen verließ jeden Morgen den Apfel, wusch sich und kämmte sich, der Fürst aber schaute zu und konnte sich nicht sattsehen. Sonst tat das Mädchen nichts: Es aß nicht, es trank nicht und es sprach kein

Wort. Es wusch und kämmte sich nur und kehrte dann wieder in den Apfel zurück.

Der Fürst lebte mit seiner Stiefmutter zusammen, die beobachtete, wie er sich nun jeden Morgen in sein Zimmer einschloss. Darüber zerbrach sie sich den Kopf: „Ich möchte doch wissen, warum mein Sohn sich immer verborgen hält!"

Da geschah es, dass ein Krieg ausbrach und der Fürst ins Feld ziehen musste, auch wenn ihm das Herz blutete. Er rief seinen treuesten Diener zu sich und sprach: „Ich überlasse dir hier den Schlüssel zu meinem Gemach. Gib acht, dass niemand außer dir das Zimmer betritt! Du bürgst mir dafür, dass jeden Morgen frisches Wasser und ein Kamm für das Mädchen im Apfel bereitgestellt werden. Wenn ihr auch nur das Geringste geschieht, kostet es dich den Kopf!"

„Habt Vertrauen, mein Fürst", sagte der Diener. „Ich werde mein Bestes tun." Sobald der Fürst fortgezogen war, witterte die Stiefmutter die Gelegenheit, in das Zimmer ihres Stiefsohnes zu schleichen und ihre Neugierde zu befriedigen.

„Ich werde den Diener doch überlisten können", dachte sie. Sie ließ dem Diener ein Schlafmittel in den Wein mischen und als er tief eingeschlafen war, stahl sie ihm den Schlüssel aus der Tasche, öffnete die Tür und durchstöberte den ganzen Raum. Aber je mehr sie suchte, umso weniger konnte sie etwas Außergewöhnliches entdecken.

Da fiel ihr Blick auf den schönen Apfel in der goldenen Schale. „Dann kann nur dieser Apfel sein Geheimnis sein", dachte sie.

Sie zog einen kurzen Dolch aus ihrem Gürtel und begann den Apfel durchzuschneiden. Schon beim ersten Schnitt drang Blut aus dem Apfel und auch beim nächsten Stich quoll Blut hervor. Voller Schrecken sah sie, was sie angerichtet hatte, eilte aus dem Zimmer, steckte dem schlafenden Diener den Schlüssel wieder in die Tasche und verschwand.

Als der Diener endlich erwachte, konnte er sich nicht erklären, was mit ihm geschehen war. Er lief in das Zimmer seines Fürsten und sah mit Entsetzen die Schnitte im Apfel und das Blut.

„Weh mir, das kostet mein Leben!", rief er aus, „Was soll ich Armer nur anfangen?" Er rannte aus dem Haus und lief und lief, bis er zu seiner Patin kam. Die war aber eine Fee und sie war es auch, die in der Gestalt einer alten Frau einst der Königin geweissagt hatte, dass sie einen Apfel gebären würde.

„Hilf mir", bat der unglückliche Diener. „Man wird mich sonst gewiss töten." Und er erzählte ihr alles, was sich zugetragen hatte.

„Nimm dieses Pulver", sagte darauf die Patin, „und streue es über den Apfel und über die Schale. Es wird den Apfel wiederherstellen und auch das Mädchen heilen, das darin verborgen ist. Aber beeile dich, der Fürst wird noch heute zurückerwartet."

Der Diener kehrte in das Zimmer zurück und streute behutsam das Pulver aus. Schon lag der Apfel wieder makellos wie vorher in der Schale. Bald darauf kehrte der Fürst zurück und lief voller Ungeduld in sein Zimmer. In dem Augenblick aber, als er eintrat, brach der Apfel auseinander und das schöne Mädchen stieg unversehrt heraus.

Wie staunte der Fürst aber, als das Mädchen zum ersten Mal den Mund auftat und zu sprechen anfing: „Hör zu, mein Fürst, deine Stiefmutter hat mir mit ihrem Dolch schwere Wunden zugefügt, aber dein treuer Diener hat mich geheilt und gerettet. Auf den heutigen Tag bin ich achtzehn Jahre alt geworden und der Zauber, der mich in den Apfel gebannt hatte, ist nun endlich gebrochen. Wenn du willst, so werde ich gerne deine Frau."

„Und ob ich das will!", rief der Fürst voller Freude und ordnete sogleich die Hochzeit an. Das Fest wurde fröhlich in den beiden benachbarten Palästen gefeiert. Nur die Stiefmutter fehlte, denn die hatte sich heimlich aus dem Staube gemacht und niemand hat je wieder von ihr gehört.

Aschenbrödel

Es war einmal ein Edelmann, der heiratete in zweiter Ehe eine überaus stolze und hochmütige Frau. Sie brachte zwei Töchter, die ihr ganz ähnlich waren, mit ins Haus. Aus erster Ehe hatte der Mann noch eine Tochter, die wie ihre verstorbene Mutter sanftmütig und herzensgut war.

Die Hochzeit war kaum vorüber, als die Stiefmutter ihrer bösen Laune freien Lauf ließ, denn sie verabscheute die liebevolle und sanfte Art dieses jungen Mädchens.

Sie lud ihr die niedrigsten Arbeiten im Hause auf; das Mädchen musste das Geschirr reinigen, die Stiegen schrubben und die Zimmer der drei Frauen rein halten. Die Stiefschwestern wohnten in holzgetäfelten Zimmern, die mit neuen Betten und großen Spiegeln ausgestattet waren, während das arme Mädchen ganz oben im Haus in einer Bodenkammer auf einem Strohsack schlafen sollte.

Das Mädchen ertrug alles mit Geduld und wagte nicht, sich darüber bei ihrem Vater zu beklagen.

Wenn sie all die Arbeit verrichtet hatte, setzte sie sich in die Kaminecke in der Asche nieder. Deshalb nannte man sie im Hause das „Aschenbrödel". Dabei war sie trotz ihrer armseligen Kleider noch hundertmal schöner als ihre Stiefschwestern.

Es trug sich zu, dass der König einen großen Ball gab und dazu alle Personen von Rang und Stand einlud. Auch die beiden Fräulein wurden dazu eingeladen, denn die spielten eine große Rolle im Lande. Also wählten sie vergnügt und geschäftig Kleider und Kopfputz aus, alles so, wie es ihnen am besten zu Gesicht stünde.

Nun gab es noch mehr Arbeit für Aschenbrödel, denn sie musste für ihre Schwestern das Weißzeug plätten und die Handstulpen kräuseln. Die beiden Stiefschwestern sprachen den ganzen Tag nur noch von Samt und Seide.

„Ich werde mein rotes Samtkleid mit dem englischen Spitzenbesatz anziehen", sagte die Älteste.

„Ich werde meinen gewöhnlichen Rock anziehen, dazu aber den Überwurf mit den goldenen Blumen. Und meine neue Diamantspange wird nicht wenig Aufsehen erregen!", rief die Jüngere.

Sie ließen die beste Haarkräuslerin kommen, um ihre Locken in Doppelreihen aufzustecken. Ihre Schönheitspflästerchen ließen sie bei der ersten Künstlerin holen. Dann riefen sie Aschenbrödel herbei, die ihnen die besten Ratschläge gab und sich darüber hinaus erbot, ihnen zu helfen, was die Stiefschwestern auch gerne annahmen.

Während Aschenbrödel die Kleider vorbereitete, sagten sie zu ihr: „Aschenbrödel, wärst du nicht froh, auch auf den Ball zu gehen?"

„Ach, Fräulein Schwester, das kommt mir nicht zu. Ihr habt mich wohl zum Besten."

„Da hast du recht, man würde schön lachen, wenn man ein schmutziges Aschenputtel auf dem Ball sähe."

Die zwei Stiefschwestern blieben zwei Tage ohne Nahrung und man zerriss über ein Dutzend Schnürbänder, um ihre Hüften schlanker zu schnüren. Sie standen in einem fort vor dem Spiegel.

Endlich kam der ersehnte Tag: Die Stiefschwestern fuhren zum Ball und Aschenbrödel sah ihnen lange nach. Dann fing sie an zu weinen.

Wie ihre Patin sie so ganz in Tränen sah, fragte sie: „Was hast du denn für Kummer?"

„Ich möchte gern … Ich möchte gern …" Sie weinte so heftig, dass sie nicht weitersprechen konnte.

Ihre Patin, die eine Fee war, sagte: „Du möchtest wohl gern auf den Ball gehen, nicht wahr?" – „Ach ja", seufzte Aschenbrödel.

„Wohlan, wenn das dein Wunsch ist, werde ich dich schon hinbringen."

Sie führte das Mädchen in ihr Stübchen unter dem Dach und sagte dort: „Geh in den Garten und bringe mir einen Kürbis her."

Aschenbrödel lief flugs hinunter, holte den schönsten, den sie finden konnte, und trug ihn zu ihrer Patin. Die höhlte ihn aus und als nur noch die Schale übrig war, berührte sie ihn mit ihrem Zauberstab. Im Nu verwandelte sich der Kürbis in eine schöne, über und über vergoldete Karosse. Dann ging sie hin und schaute in die Mausefalle, wo sie sechs Mäuse fand, alle lebendig. Die Fee gab jeder Maus mit ihrem Zauberstab einen leisen Schlag, und im Handumdrehen standen sie als schöne Pferde da. Das war ein prächtiges Gespann mit sechs Apfelschimmeln von schönstem Mausgrau.

Aber wo sollten sie einen Kutscher herkriegen?

Da sagte Aschenbrödel: „Lasst mich sehen, ob nicht eine Ratte in der Rattenfalle steckt." Und sie fand gleich drei darin.

Die Fee griff nach einer, die einen schönen Bart hatte, gab ihr einen leisen Schlag und verzauberte sie in einen Kutscher mit einem kunstvollen Schnurrbart. Dann sagte sie zu Aschenbrödel: „Schnell, lauf in den Garten, dort wirst du hinter der Gießkanne sechs Eidechsen finden, bring sie mir her." Die Patin verwandelte sie in sechs Lakaien, die stracks hinten auf die Kutsche kletterten. Dann berührte sie auch Aschenbrödel mit ihrem Zauberstab und sogleich verwandelten sich ihre Kleider in Brokat-Kleider aus Gold und Silber, die mit Edelsteinen übersät waren. Dazu reichte sie ihr ein Paar niedliche, gläserne Pantoffeln.

So geschmückt stieg das schöne Mädchen in die Kutsche, doch ihre Patin ermahnte sie noch, vor allen Dingen auf die Zeit zu achten und Mitternacht nicht zu verpassen. „Falls du auch nur einen Augenblick länger auf dem Ball bleibst, wird deine Kutsche wieder zu einem Kürbis, die Pferde zu Mäusen, deine Lakaien zu Eidechsen und deine Kleider werden wie früher aussehen."

Aschenbrödel versprach ihrer Patin, daran zu denken, fuhr zum Schloss und wusste sich vor Freude nicht zu fassen.

Dem Prinzen wurde gemeldet, dass soeben eine hohe Prinzessin, die niemand kannte, vorgefahren war. Er eilte, sie zu empfangen, bot ihr die Hand beim Aussteigen aus der Kutsche und geleitete sie in den Saal, wo die Gesellschaft versammelt war. Es wurde ganz still, man hörte auf zu tanzen

und die Fiedeln spielten nicht weiter, so sehr staunte man über den Anblick dieser Unbekannten.

Einige murmelten: „Ach, seht nur, wie schön sie ist!"

Der König selber betrachtete sie mit Wohlgefallen und flüsterte der Königin zu: „Es ist lange her, dass ich ein so schönes und liebenswürdiges Wesen gesehen habe."

Die Damen musterten Aschenbrödels Kopfputz und ihre Kleider, um sich gleich am nächsten Tag ähnliche zu verschaffen. Der Prinz wies ihr den Ehrenplatz an und dann nahm er sie an der Hand und führte sie zum Tanz. Sie tanzte mit so viel Anmut, dass man sie nur noch mehr bewunderte. Als ein köstliches Mahl aufgetragen wurde, setzte sie sich zu ihren Schwestern und erwies ihnen tausend Artigkeiten, gab ihnen von den Apfelsinen und

Limonen, die der Prinz ihr gereicht hatte, was diese sehr verwunderte, denn sie kannten sie nicht wieder. Während sie plauderten, schlug die Uhr elf und drei viertel. Flugs verneigte sich Aschenbrödel vor der Gesellschaft und eilte, so schnell sie nur konnte, von dannen.

Zu Hause suchte sie ihre Patin auf, bedankte sich bei ihr und sagte, dass sie gerne am nächsten Tag wieder auf den Ball gehen möchte, weil der Prinz sie darum gebeten hatte. Während sie ihrer Patin alles erzählte, klopften die beiden Schwestern an das Tor.

Aschenbrödel öffnete ihnen, gähnte und sagte: „Ihr seid aber lange ausgeblieben!"

„Wenn du auf den Ball gegangen wärst", sagte eine der Stiefschwestern, „so hättest du dich nicht gelangweilt. Es ist die allerschönste Prinzessin gekommen, die man nur sehen kann. Sie hat uns Apfelsinen und Limonen gegeben und uns tausend Höflichkeiten erwiesen."

Aschenbrödel freute sich, fragte nach dem Namen dieser Prinzessin, aber die Stiefschwestern antworteten, dass man sie nicht kenne und dass der Prinz darüber sehr bekümmert sei.

Aschenbrödel lächelte und sagte: „Sie war also sehr schön? Könnte ich sie denn nicht auch einmal sehen? Ach, liebes Fräulein Schwester, leiht mir doch Euer alltägliches gelbes Kleid."

„Da müsste ich wohl verrückt sein, mein Kleid einem abscheulichen Aschenputtel wie dir zu leihen."

Aschenbrödel war auf die abschlägige Antwort schon gefasst und schwieg. Tags darauf waren die beiden Schwestern wieder auf dem Ball und auch Aschenbrödel war dort, aber noch reicher geschmückt als beim ersten Mal. Der Prinz hatte sie schon erwartet, wich nicht von ihrer Seite und flüsterte ihr die hübschesten Dinge zu. Aschenbrödel vergaß darüber die Zeit, und was ihre Patin ihr befohlen hatte, sodass sie beim ersten Schlag der Turmuhr meinte, es wäre erst elf Uhr. Doch es schlug Mitternacht!

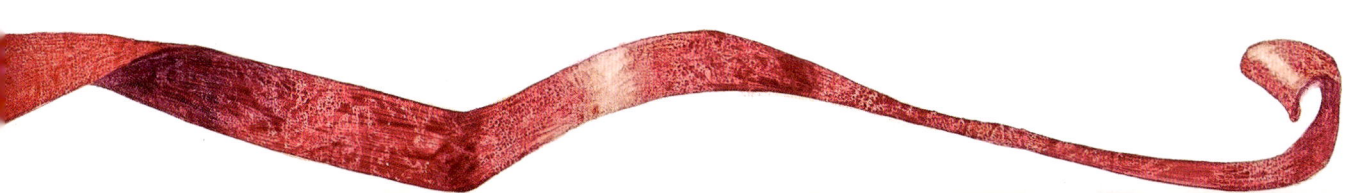

Erschrocken sprang sie auf und floh so behände wie ein Reh zum Schloss hinaus. Der Prinz folgte ihr, doch er konnte sie nicht einholen. Sie verlor eines ihrer gläsernen Pantöffelchen, das hob der Prinz ganz behutsam auf.

Aschenbrödel kam ganz außer Atem daheim an, ohne Kutsche, ohne Lakaien und in ihren armseligen Kleidern. Von all der Herrlichkeit war nichts übrig geblieben außer einem Pantöffelchen, das gleiche wie jenes, das der Prinz gefunden hatte.

Er fragte die Wachen am Schlosstor, ob sie nicht eine Prinzessin hätten herauskommen sehen, aber die sagten: „Nein, nur ein schlecht gekleidetes Mädchen."

Als ihre beiden Schwestern vom Ball nach Hause kamen, fragte Aschenbrödel, ob die schöne Dame wieder dort gewesen sei.

„Ja", sagten sie, „aber sie ist um Mitternacht so hurtig davongeeilt, dass sie ein gläsernes Pantöffelchen verloren hat. Der Prinz hat es aufgehoben und während des übrigen Balles nichts anderes getan, als es anzuschauen. Gewiss ist er in das schöne Wesen, dem das Pantöffelchen gehört, verliebt."

Und wirklich ließ der Prinz kurz darauf unter Trompetenschall verkünden, dass er mit derjenigen Hochzeit halten werde, deren Fuß in den Pantoffel passe.

Zuerst probierten ihn die Prinzessinnen an, dann die Herzoginnen und der gesamte Hofstaat, aber vergeblich. Dann brachte man ihn zu den beiden Stiefschwestern, die ihr Möglichstes taten, ihren Fuß in den Pantoffel hineinzuzwängen, aber es war nicht möglich.

Aschenbrödel, die zuschaute und ihren Pantoffel erkannte, sagte lachend: „Lasst sehen, ob er mir nicht passt."

Die Schwestern machten sich über sie lustig, aber der Kammerherr des Prinzen betrachtete Aschenbrödel aufmerksam und fand sie überaus schön. Deshalb sagte er, dass dies nur recht und billig sei. Er hieß Aschenbrödel sich setzen und gewahrte, dass der Pantoffel ohne Mühe passte, und dass er wie angegossen saß. Die Schwestern staunten umso mehr, als Aschenbrödel das andere Pantöffelchen aus der Schürzentasche zog und an ihren Fuß steckte.

Da kam die Patin herbei und ließ mit ihrem Zauberstab Aschenbrödels Kleider noch prächtiger werden als alle früheren.

Die Schwestern fielen ihr zu Füßen und baten um Verzeihung für alle Lieblosigkeiten, die sie ihretwegen hatte erdulden müssen. Aschenbrödel hob sie aber auf und verzieh ihnen von ganzem Herzen. Man geleitete sie zu dem Prinzen, der sie noch schöner fand als je zuvor und wenige Tage darauf mit ihr Hochzeit hielt.

Aschenbrödel ließ die Schwestern im Palast wohnen und vermählte sie mit zwei vornehmen Herren am Hofe.

Die Elfenkönigin Hild

Auf einem Hof in Island lebte einmal ein Bauer. Verheiratet war er nicht, aber er hatte eine Haushälterin, die hieß Hild. Sie war sehr tüchtig, nur wusste niemand, woher sie stammte. Alle, der Bauer und das Gesinde, hatten sie gern, weil sie rührig und fleißig war, wenn auch ziemlich in sich gekehrt.

Damals wurde überall im Land am Heilig Abend Gottesdienst gehalten. Für die Leute von den Höfen im Gebirge war der weite Weg zur Kirche allerdings recht lang und beschwerlich. Deshalb mussten sie den Hof schon verlassen, bevor der Stern zwischen Morgen und Mittag stand. Der Schafhirte war dann üblicherweise noch nicht nach Hause gekommen.

Es war Sitte, dass einer den Hof hüten musste, während die anderen zur Kirche gingen. Meistens war das dann der Hirte.

Doch seit Hild bei dem Bauern war, brauchte er den Hof nicht mehr zu hüten, denn sie hatte sich dazu erboten, es jedes Jahr selbst zu machen. Sie bereitete alles zum Fest vor und kochte das Essen. Sie war noch wach, wenn die anderen aus der Kirche wieder zurückkamen. Alle schliefen schon lange, wenn sie sich auch endlich niederlegte.

So verlief in der Wirtschaft alles gut, aber der Bauer hatte große Mühe, einen Schafhirten zu bekommen, denn immer am Morgen nach der Weihnachtsnacht lag der Hirte tot in seinem Bett. Und niemand wusste, woran er gestorben war, denn er wies keinerlei Verletzung auf. Schließlich beschloss der Bauer, keinen Hirten mehr einzustellen, da diesen der sichere Tod in seinem Dienst erwarte, möge es mit dem Hofe weitergehen, wie es das Schicksal wolle.

Nachdem der Bauer diesen Entschluss gefasst hatte, kam eines Tages ein munterer und kräftiger Mann zu ihm und wollte gern in seine Dienste treten. Da sagte der Bauer zu ihm: „So nötig brauche ich dich nicht, dass ich dich nehmen muss."

„Hast du denn schon einen Hirten für diesen Winter?", fragte der Fremde.

„Nein, doch du hast wohl gehört, wie schlimm es meinen Hirten ergangen ist?"

„Gehört hab ich's", antwortete der Fremde. „Aber das schreckt mich nicht ab."

Da nahm der Bauer ihn in Dienst. Es verging eine Zeit und jeder schätzte den Hirten, denn er war ein freundlicher und munterer Kerl.

Bis zum Weihnachtsabend geschah nichts Besonderes. An Heiligabend ging der Bauer wie üblich mit seinem Gesinde zur Kirche, die Haushälterin Hild blieb zu Hause und der Hirte bei seinen Schafen.

Es wurde wie immer Abend, ehe der Hirte heimkam. Er aß seine Grütze und ging zu Bett. Da dachte er, es sei vielleicht besser, wach zu bleiben statt zu schlafen, falls etwas geschehen sollte. Furcht hatte er aber keine. Spät in der Nacht kamen seine Leute wieder nach Hause, sie aßen einen Bissen und gingen zu Bett. Bald fühlte der Hirte, wie auch er müde wurde. Er dachte aber, es könne ihm schlecht ergehen, wenn er nun doch noch einschlafen würde, und bot alle Kräfte auf, um wach zu bleiben.

Es dauerte nicht lange, da hörte er jemanden an sein Bett schleichen, und er glaubte, es sei Hild. Da stellte er sich schlafend und merkte, dass sie ihm etwas in den Mund steckte. Er fühlte, dass es ein Zaumzeug für den Hexenritt war, und ließ sich ruhig aufzäumen. Sie legte ihm wirklich Zaumzeug an, befestigte die Zügel, wie es ihr bequem war, setzte sich auf seinen Rücken und ritt in sausender Eile davon, bis sie, wie es ihm schien, an einen Graben oder eine Erdspalte kamen. Dort sprang sie auf einen Stein, ließ die Zügel hängen und verschwand in der Spalte.

Der Hirte fand es schlimm, dass Hild verschwunden war, ohne dass er wusste, wohin. Er merkte auch, dass er den Zaum loswerden musste, weil der ihn verzauberte. Deshalb rieb er seinen Kopf an dem Stein, bis er den Zaum abgescheuert hatte, dann ließ er ihn liegen und sprang in die Spalte, in der Hild verschwunden war.

Er war noch nicht weit gelaufen, als er Hild wieder erblickte. Sie schritt über schöne Wiesen und hatte bald ihren Weg beendet. Nach alledem dachte der Hirte: „Das geht nicht mit rechten Dingen zu, sie ist pfiffiger, als man glaubt, wenn man sie oben unter den Menschen sieht."

Da er fürchtete, sie könne ihn entdecken, wenn er auf der Wiese hinter ihr herginge, nahm er einen Stein, der ihn unsichtbar machte, aus der Tasche, verbarg ihn in der linken Hand und lief, so schnell er konnte, hinter ihr her. Als er weiter auf die Wiese gekommen war, sah er eine schöne, große Halle. Hild ging direkt auf sie zu. Aus der Halle kam ihr eine große Menschenmenge entgegen, allen voran ein prächtig gekleideter Mann. Mit ihm kamen Hild zwei halb erwachsene Kinder entgegen und empfingen ihre Mutter voll Freude. Der Mann hieß Hild als seine Frau willkommen, die anderen im Gefolge begrüßten sie als ihre Königin.

Als sie alle der Königin ihre Huldigung dargebracht hatten, wurde sie mit dem König in die Halle geleitet. Dort bereitete man ihr einen ehrenvollen Empfang, kleidete sie in königliche Gewänder und streifte schöne goldene Ringe auf ihre Arme.

Der Hirte folgte, blieb aber dort stehen, wo die wenigsten Leute waren, sodass er alles genau beobachten konnte. Solchen Glanz und solchen Prunk hatte er noch nie gesehen. Tische wurden gebracht und gedeckt und er staunte über all die Herrlichkeit. Kurz danach sah er Hild, prächtig gekleidet, in die Halle eintreten.

Jedem wurde sein Platz zugewiesen; Hild nahm den Ehrenplatz neben dem König ein und nun ward getafelt. Dann räumten sie die Tische ab und die jungen Leute tanzten oder gingen anderen Belustigungen nach. Das Königspaar aber saß Hand in Hand und sie sprachen miteinander, und ihr Gespräch schien dem Hirten sowohl mit Freude wie mit Kummer vermischt zu sein.

Während des Gesprächs des Königs und der Königin kamen drei Kinder, die jünger waren als die zuvor erwähnten, zu ihnen herein und freuten sich ebenfalls, dass sie ihre Mutter wiedersahen. Königin Hild küsste sie liebevoll, nahm das Kleinste auf den Schoß und als es unruhig wurde, gab die Mutter ihm einen goldenen Ring, den sie von ihrem Arm gestreift hatte. Das Kind spielte eine Weile mit dem Armreif; schließlich fiel der Ring zu Boden. Der Hirte erhaschte ihn, steckte ihn rasch in seine Rocktasche und verbarg ihn gut. Alle fanden es sonderbar, dass sie den Ring nirgends finden konnten, obwohl er auf den Boden gefallen war.

Als die Nacht vorbei war, rüstete Königin Hild sich zum Fortgehen, aber alle in der Halle waren traurig und baten sie, noch zu bleiben.

Der Hirte hatte gesehen, dass in der Halle ein altes, ganz hässliches Weib saß, das keinerlei Freude gezeigt hatte, als Königin Hild kam, und es war auch nicht traurig, als sie wieder gehen musste.

Da ging der König zu dem Weib und sagte: „Bitte, Mutter, nimm deine Flüche zurück von meiner Königin und lass uns nicht mehr auseinandergehen."

Das alte Weib antwortete ihm voller Zorn: „Mein Fluch soll weiterbestehen und ich will ihn nie zurücknehmen."

Der König ging traurig zu seiner Frau, legte den Arm um sie, küsste sie und bat sie, doch noch länger zu bleiben.

Aber Königin Hild sagte: „Der Fluch deiner Mutter treibt mich fort und wir werden uns wohl kaum öfter sehen können, denn die Todesfälle, die sich meinetwegen ereignen, können nicht länger ein Geheimnis bleiben."

Während sie so klagte, ging der Hirte aus dem Saal, geradewegs über die Wiese nach der Spalte und wieder hinauf auf den Weg. Dann versteckte er den Zauberstein, zäumte sich wieder auf und wartete auf Hild. Sie kam auch bald, tieftraurig, setzte sich auf seinen Rücken und ritt zum Gehöft. Dort legte sie ihn wieder in sein Bett, zäumte ihn ab, ging selbst zu Bett und schlief ein. Obwohl der Hirte ganz wach war, stellte er sich schlafend, damit Hild nichts merken sollte. Als sie aber zu Bett gegangen war, gab er seine Vorsicht auf und schlief fest und tief bis zum Morgen.

Der Bauer war schon früh aufgestanden, denn es ließ ihm keine Ruhe zu erfahren, ob sein Hirte noch am Leben sei. Er ging also zum Schafhirten ans Bett, rührte ihn an und als er sah, dass dieser lebte, dankte er Gott für die Gnade.

Der Schafhirte erwachte frisch und munter und zog sich an. Der Bauer fragte ihn, ob in der Nacht etwas los gewesen sei.

„Nein", sagte der Hirte, „aber ich habe merkwürdig geträumt."

„Was hast du denn geträumt?", fragte der Bauer.

Nun fing der Hirte an zu erzählen, Hild habe ihn gezäumt, und er berichtete alles, so genau er nur konnte.

Als er fertig erzählt hatte, saßen alle stumm da, nur Hild sagte: „Es ist eine Lüge, was du da sagst, wenn du nicht durch ein deutliches Zeichen beweisen kannst, dass es so war, wie du erzählt hast."

Der Hirte ließ sich dadurch nicht in Verlegenheit bringen, sondern holte den Armreif hervor, den er nachts im Elfenheim aufgehoben hatte. „Es trifft sich gut, dass ich einen Beweis dafür habe, dass ich diese Nacht bei den Huldren gewesen bin. Ist dies dein Armreif, Königin Hild, oder ist er es nicht?"

Da sagte die Königin: „Er ist es, und Gottes Segen über dich, dass du mich vom Fluch meiner Schwiegermutter befreit hast. Nur ungern habe ich die Missetaten begangen, die sie mir auferlegt hat."

Dann fing Königin Hild an, ihre Geschichte zu erzählen: „Ich war ein Elfenmädchen von geringer Herkunft, aber der König von Elfenheim liebte mich und nahm mich wider den Willen seiner Mutter zur Frau. Da wurde die Mutter so böse, dass sie ihrem Sohn versprach, dass er nur kurze Freude an mir haben sollte und wir uns ganz selten sehen würden. Mir aber legte sie auf, dass ich Dienstmagd unter den Menschen werde. Und jedes Jahr zu Weihnachten sollte ich den Tod eines Menschen verursachen, da ich ihn, während er schlief, aufzäumen und auf ihm den Weg reiten musste, den ich auch diese Nacht auf dem Hirten ritt, um den König zu besuchen. Dies sollte so lange gehen, bis meine Bosheit ans Licht käme und ich deshalb getötet würde. Es sei denn, ich fände einen kecken und mutigen Mann, der wagte, mir nach Elfenheim zu folgen. Auch müsste er beweisen, dass er dort gewesen war und gesehen hatte, wie es dort zuging.

Ihr seht also, dass sämtliche Hirten um meinetwillen getötet wurden, seitdem ich hier war. Aber ich hoffe, man wird es mir nicht als Schuld anrechnen, was zu tun mir gegen meinen Willen aufgezwungen wurde; denn bisher hat niemand den unterirdischen Weg gefunden und ist mit mir in die Behausung der Huldren gekommen.

Dieser mutige Mann ist es, der mich aus meinem Dienst als Magd und von dem schlimmen Fluch erlöst hat. Ich will ihn auch später dafür belohnen. Aber nun darf ich nicht länger bleiben. Habt Dank für all eure Güte. Die Sehnsucht treibt mich heimwärts."

Nachdem sie so gesprochen hatte, verschwand Königin Hild und man sah sie nie wieder unter den Menschen.

Der Schafhirte aber heiratete im Frühjahr und gründete einen Hausstand, und das konnte er auch, denn der Bauer zeigte sich ihm gegenüber sehr freigiebig, als er seinen Dienst aufgab. Und bald war er auch selbst nicht ohne Vermögen. Alle Leute in seinem Bezirk fragten ihn um Rat und baten um Beistand. Er war so beliebt trotz seines Glückes, dass die Leute selbst nicht recht begreifen konnten, wie das zuging.

Er aber wusste sehr wohl, wem er dafür zu danken hatte.

Der Ritter im Feenland

Es war in alten Zeiten
als die Bäume noch sangen
und die Feen im Mondlicht
ihren Reigen sprangen …

Damals stand der Wald noch auf Irlands Hügeln. Die dichten Blätter ließen kaum einen Sonnenstrahl zum Boden, und die Vögel huschten lautlos durch die Äste. In hellen Mondnächten sah man auf den moorigen Waldwiesen die Irrlichter tanzen. Wanderer, die es eilig hatten und auf ihrem Wege die Abkürzung am Waldrand wählten, wurden von einer sonderbaren Müdigkeit überfallen. Nicht selten sanken sie schlafend in einen Heckenrosenstrauch und kein Hahnenschrei konnte sie mehr wecken.

„Es ist nicht mehr geheuer!", raunten die Leute. „In dem Wald herrscht die Feenkönigin. Wer in ihren Kreis gerät, den scheucht sie ins Moor, aus dem er erst nach vielen Tagen mit irren Augen wieder herausfindet. Oder sie entführt die Irdischen in ihr verborgenes Reich, und niemand hat je wieder von ihnen gehört. Schon so manchen edlen Jüngling hat sie in ihren Bann gezogen. Er muss dann als Ritter in ihrem Hofstaat dienen und den Wald vor neugierigen Augen schützen!"

In jener Zeit lebte Ianna, die Tochter eines reichen Landbesitzers. Ianna war ein hübsches und fröhliches Mädchen. An schönen Tagen saß sie oft im Burghof auf dem Rand des Brunnens und schaute dem Treiben der Pferde und Jagdhunde zu. Wenn sie aber in ihrer Kammer saß, um zu lesen, dann

ließ sie schon bald das Buch sinken und ihre Augen wanderten hinaus und suchten die grünen Hügel. Und wenn sie auf dem Stickrahmen mit der Nadel kunstvolle Muster zaubern sollte, dann sehnte sie sich nach der warmen Sonne und dem Duft des blühenden Ginsters.

„Ianna", sagte ihr Vater manchmal, „Ianna, willst du nicht deine Hände rühren wie die anderen Mädchen?" Und eines Tages fügte er hinzu: „Die Zeit kommt, da wir dich verheiraten werden."

Aber Ianna lachte nur und antwortete: „Ach Väterchen, das hat noch Zeit. Lass mich springen, lass mich singen, die Schwalbe fliegt weit!" Und mit diesen Worten verließ sie das Haus. Lieber spielte sie draußen auf den Wiesen und Feldern und suchte Blumen oder neckte die Schmetterlinge. Aber bis zum Waldrand wagte sie nicht zu gehen.

Einmal, an einem warmen Abend vor der Mittsommernacht, war Ianna weiter gelaufen als sonst. Einen schönen Strauß wollte sie suchen. Plötzlich merkte sie, dass sie den Wald erreicht hatte. Neugierig schaute sie sich um und sah eine Quelle, über die ein duftender Heckenrosenstrauch seine blühenden Ranken herabhängen ließ. Diese Blüten waren schöner als alle anderen Feldblumen, die sie gesammelt hatte. Schon streckte Ianna die Hand aus, um eine zu pflücken, da hörte sie einen Seufzer und in dem Strauch erschien ein junger, schöner Mann. Seine Augen blickten traurig.

„Ianna, warum weckst du mich aus meinem Traum? Warum pflückst du Rosen von diesem Baum?", fragte er leise.

„Ach, ich wusste nicht, dass der Strauch dir gehört", antwortete das Mädchen. „Wer bist du und wo kommst du her?"

„Ich bin Ritter Tamlin, ein Diener aus dem Gefolge der Feenkönigin", sagte der traurige Jüngling. „Aber ich bin kein Unterirdischer, ich bin ein Mensch wie du. Vor einigen Wochen hatte ich mich zur Mittagszeit an dieser Quelle zur Ruhe gelegt. Meine Augen wurden schwer und ich schlief ein. Da trugen die Feen mich fort in ihr Reich unter den grünen Hügeln. Die Feenkönigin hält mich dort gefangen. Als Ritter muss ich ihr helfen, den Wald und diese Quelle zu bewachen."

Dann beugte er sich vor, brach eine Blüte vom Strauch und reichte sie dem Mädchen. Ianna war sehr erschrocken. Sie ließ die Rose fallen und eilte nach Hause. In dieser Nacht fand sie keine Ruhe. Aber am anderen Morgen machte sie sich doch wieder auf zum Waldrand. Nur einmal noch wollte sie den Jüngling sehen.

Der Heckenrosenstrauch duftete würziger als am Tage zuvor und die Blüten spiegelten sich im Quellbecken. Ianna streckte die Hand aus und pflückte eine Rose. Kaum hatte sie das getan, erklang wieder ein Seufzer und im Strauch erschien der Ritter, schöner noch als eine Fee. „Warum pflückst du Rosen von diesem Stamm? Willst du erlösen mich aus meinem Bann?", fragte er leise.

„Ja, das will ich!", rief Ianna aus. „Sage mir nur, was ich tun muss."

„Die Aufgabe ist schwer, und du musst Mut haben, großen Mut", sagte Ritter Tamlin. „Erlösen kannst du mich nur, wenn du dich in der kommenden Vollmondnacht in den Wald hineinwagst. Um Mitternacht wird die Feenkönigin mit ihrem Gefolge in drei langen Zügen über den Kreuzweg reiten. Zuerst kommen ihre Diener auf schwarzen Rössern und in schwarzen Gewändern. Du aber halte dich versteckt, sie dürfen dich nicht sehen! Dann folgt der Hofstaat. Er reitet auf rotbraunen Pferden und trägt feurig glänzende Mäntel. Auch vor ihnen darfst du dich nicht zeigen. Den dritten Zug führt die Feenkönigin selber an. Sie und ihre Ritter reiten auf weißen Pferden und ihre Rüstungen spiegeln das Mondlicht. Du aber schau nach

meinen Händen. An der rechten Hand werde ich einen Handschuh tragen, aber die linke wird frei sein."

„Und wie kann ich dich dann erlösen?", fragte Ianna.

„Wenn ich dich erreicht habe, musst du aus deinem Versteck springen, das Pferd am Zügel packen und mich aus dem Sattel ziehen. Und dann musst du mich festhalten, was immer auch geschehen mag. Sie werden all ihre Zauberkünste an mir üben, sie werden mich verwandeln und dich erschrecken wollen. Du darfst aber keinen Laut von dir geben und mich nicht loslassen Dann werde ich gerettet sein." Wieder brach Tamlin eine Blütenranke ab und reichte sie dem Mädchen.

Erschrocken eilte Ianna nach Hause. Die Rosen nahm sie mit. Auch in dieser Nacht fand sie keine Ruhe. Sie konnte die traurigen Augen des Ritters Tamlin nicht vergessen.

Und als am anderen Abend der Mond blass und rund hinter den Hügeln aufging, kauerte Ianna nahe am Kreuzweg zwischen den Sträuchern. Plötzlich hörte sie ein dumpfes Dröhnen:

Tam, tam, tamlin

Tam, tam, tamlin …

Pferdehufe stampften auf den Boden. Ianna kroch noch tiefer in den Schatten des Waldes zurück und sah den ersten Zug an sich vorüberziehen. Die Feen hatten ihre schwarzen Gewänder dicht um sich gezogen. Nur die Augen glitzerten wie Eis in ihren blassen, schönen Gesichtern.

Tam, tam, tamlin

Tam, tam, tamlin …

Dann folgte der Hof in seinem rostfarbenen Staat. Ianna hielt ihren Atem an, damit sie nicht entdeckt wurde.

Tam, tam, tamlin

Tam, tam, tamlin …

An der Spitze der Ritterschar nahte die Feenkönigin auf ihrem weißen Pferd. Ihre Augen blitzten wie Smaragde. Neben ihr ritt eine Gestalt in einem glänzenden Harnisch. Die rechte Hand steckte in einem Handschuh, die linke war frei.

Da sprang das Mädchen hinter dem Busch hervor, packte die Zügel des Pferdes, zog den Ritter aus dem Sattel und umschlang ihn ganz fest.

Tam, tam, tam … tam, tam, tam … dröhnte es durch den Wald.

Die Gestalt in Iannas Armen verwandelte sich plötzlich in einen Feuersalamander. Beinahe hätte sie ihn losgelassen. Aber sie sprach kein Wort. Der Salamander wurde zu einer Schlange, die sich um Iannas Hand wand. Sie unterdrückte mit Mühe einen Schrei, aber sie hielt den glatten Körper fest an sich gepresst. Da flatterte auf einmal eine Taube zwischen ihren Händen, doch sie schloss die Finger nur enger zusammen. Kein Laut kam über ihre Lippen.

Die Taube wurde schließlich zu einem glühenden Eisen, das ihre Hände sengte und ihr die Tränen in die Augen trieb. Zwei Tränen fielen stumm auf das Eisen herab und löschten den brennenden Schmerz an ihren Fingern.
Dann tauchte Ianna es mit letzter Kraft in das Quellbecken.
Ein leichter Nebel stieg aus dem Wasser und Tamlin stand in seiner menschlichen Gestalt neben ihr. Seine Augen lachten.
Da sah die Feenkönigin, dass Ianna gesiegt hatte. Wieder erklang ein Seufzer und die Feenschar verschwand wie ein Schatten zwischen den Bäumen. Ianna nahm Ritter Tamlin an der Hand und beide zogen über die Hügel heimwärts und wurden bald vermählt.

Eselshaut

Es lebte einst vor langer, langer Zeit ein König, der herrschte über ein großes Reich, das wohl ohne Zweifel als das schönste und friedvollste unter dem Himmel gelten konnte. Die Erde war fruchtbar, die Untertanen lebten in Zufriedenheit und der König wurde von seinen Nachbarn geschätzt und geachtet. Seine Gemahlin war schön und tugendhaft über alle Maßen. Zudem hatte das Paar eine Tochter, die jeden Morgen nach dem Erwachen noch schöner und liebreizender war als am Abend davor.

Inmitten eines wundervollen Gartens lag der Königspalast, dessen größter Schatz sich nicht im Thronsaal, sondern in einem der Ställe verbarg. Dort stand zwischen feurigen Pferden ein kleiner grauer Esel. Doch gerade dieses Tier war der Augapfel des Königs, denn er hatte eine besondere Gabe: Jeden Morgen fand man im Streu des Esels unzählige Gold- und Silbertaler. Und mit jedem Tag wurde der König wohlhabender und mächtiger.

Doch auch das größte Glück ist nie von Dauer. Eines Tages wurde die Königin schwer krank und kein Arzt konnte ihr Leiden heilen. Traurigkeit legte sich über den Palast und das ganz Land. Bald fühlte die Königin ihr Ende nahen und wollte von ihren Liebsten Abschied nehmen.

„Mein teurer Gemahl", sprach die Königin, „nach der Zeit der Trauer wird das Land eine neue Königin bekommen, denn es braucht einen Erben. Doch versprecht mir, dass ihr allenfalls eine Frau heiraten werdet, die mich an Tugend und Schönheit übertrifft."

Insgeheim hoffte sie, dass ihr geliebter Gatte solch eine Frau nimmermehr finden könnte und dass dieser Schwur sie für immer verband.

Der König antwortete, dass er über den Tod hinaus treu sein und niemals wieder eine andere Frau ehelichen würde. Doch die Königin erinnerte ihn an seine Pflichten als Landesfürst und schließlich willigte er ein und schwor zu tun, was sie verlangte. Die Königin verstarb noch in derselben Nacht und der König trauerte viele Monate lang um sie. Doch auch die tiefste Trauer vergeht und als der Frühling kam, gab der König dem Drängen seiner Minister nach, eine neue Heirat einzugehen, damit das Land einen Erben bekäme. So schickte er seine Boten in alle Himmelsrichtungen aus, ihm eine Frau zu suchen, die schöner und tugendhafter war als seine verstorbene Gemahlin. Doch keiner der Boten konnte solch eine Frau finden.

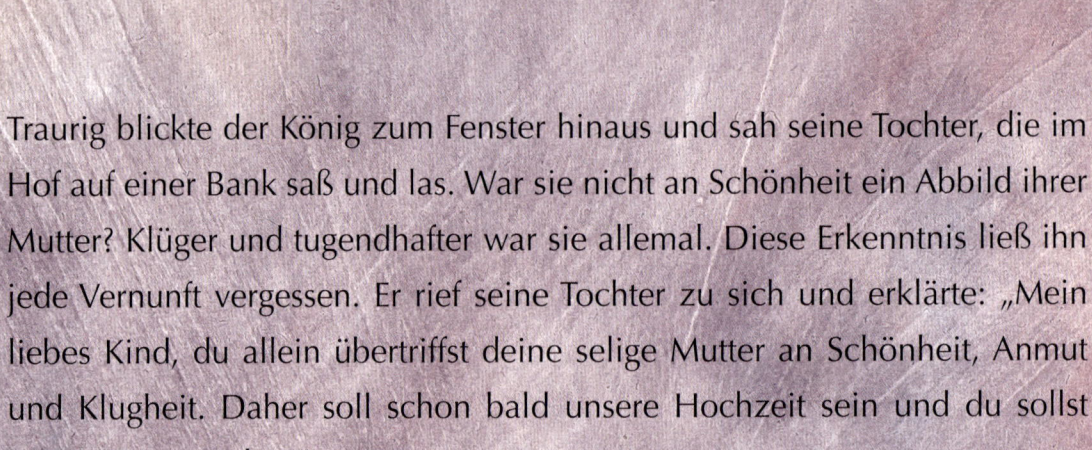

Traurig blickte der König zum Fenster hinaus und sah seine Tochter, die im Hof auf einer Bank saß und las. War sie nicht an Schönheit ein Abbild ihrer Mutter? Klüger und tugendhafter war sie allemal. Diese Erkenntnis ließ ihn jede Vernunft vergessen. Er rief seine Tochter zu sich und erklärte: „Mein liebes Kind, du allein übertriffst deine selige Mutter an Schönheit, Anmut und Klugheit. Daher soll schon bald unsere Hochzeit sein und du sollst meine Frau werden."

Die Prinzessin war erschrocken über das Ansinnen ihres Vaters und weinte bittere Tränen. Doch der König wollte sich durch nichts von seinem Entschluss abbringen lassen.

Da beschloss sie, ihre Patin, die Fliederfee, um Hilfe zu bitten und ritt heimlich hinaus in den Wald. Die Patin wusste bereits, was die Prinzessin herführte, tröstete das Mädchen und sagte: „Dein Herz hat recht, mein Kind: Niemals darf eine Tochter ihren Vater heiraten. Ich will dir helfen. Willige zunächst zum Schein in die Pläne deines Vaters ein. Doch verlange von ihm als Bedingung ein Kleid, so schillernd und farbenprächtig wie das Wetter. Kein Schneider der Welt kann ein solches Kleid fertigen und somit wirst du frei sein."

Die Prinzessin dankte der Fliederfee und tat, wie ihr aufgetragen. Der König versammelte umgehend die besten Schneider des Landes und versprach demjenigen eine große Belohnung, der solch ein Kleid fertigen könne.

Es währte keine zwei Tage, da übergab der König seiner Tochter das gewünschte Kleid. Die Prinzessin kam nicht umhin, es zu bewundern, obwohl bei seinem Anblick ihr Herz schwer wurde.

In der Nacht eilte sie wieder zu ihrer Patin. Diese erwartete sie schon und sprach: „Ich weiß, mein Kind, unser Plan ist gescheitert. Aber verlange noch einmal ein Kleid, so silbern wie der Mond am Himmel. Das wird ihm nicht gelingen und du wirst frei sein."

Die Prinzessin teilte dem König ihren neuen Wunsch mit und wieder rief er die besten Schneider des Landes zusammen und befahl ihnen, ein Kleid so silbern und schimmernd wie der Mond zu fertigen.

Es vergingen drei Tage, dann ließ der König seine Tochter zu sich rufen und übergab ihr ein Kleid, das überirdisch schön war. Die Prinzessin nahm das Kleid an sich, bedankte sich artig und schloss sich bis zum Abend in ihrem Zimmer ein. Als es Nacht wurde, besuchte sie noch einmal ihre Patin.

„Wer hätte gedacht, dass dein Vater dies vollbringen könnte. Nun aber bitte ihn um ein Kleid, so strahlend wie die Sonne selbst. Dieses Mal wird er scheitern. Geh und vertraue mir."

Kaum tagte der Morgen, verlangte die Prinzessin das dritte Kleid. Der König ließ umgehend einen Stoff aus purem Gold weben und nur wenige Tage später übergab er der Prinzessin ein Kleid so strahlend schön und mit Diamanten bestickt, dass man vor seinem Glanz die Augen schließen musste. Die arme Prinzessin war den Tränen nahe, wahrte aber Haltung und wartete sehnsüchtig auf die Nacht.
Dieses Mal empfing die Fliederfee ihr Patenkind schon am Waldrand. „Ich muss gestehen, dein Vater ist der reichste und mächtigste aller Herrscher. Er wird dir nichts abschlagen, was Geld kaufen kann. Doch nun wollen wir ihn auf eine harte Probe stellen. Sein ganzer Reichtum hängt an dem kleinen Goldesel in seinem Stall. Geh hin und verlange das Fell dieses Esels. Diesen Wunsch muss dein Vater dir verwehren."

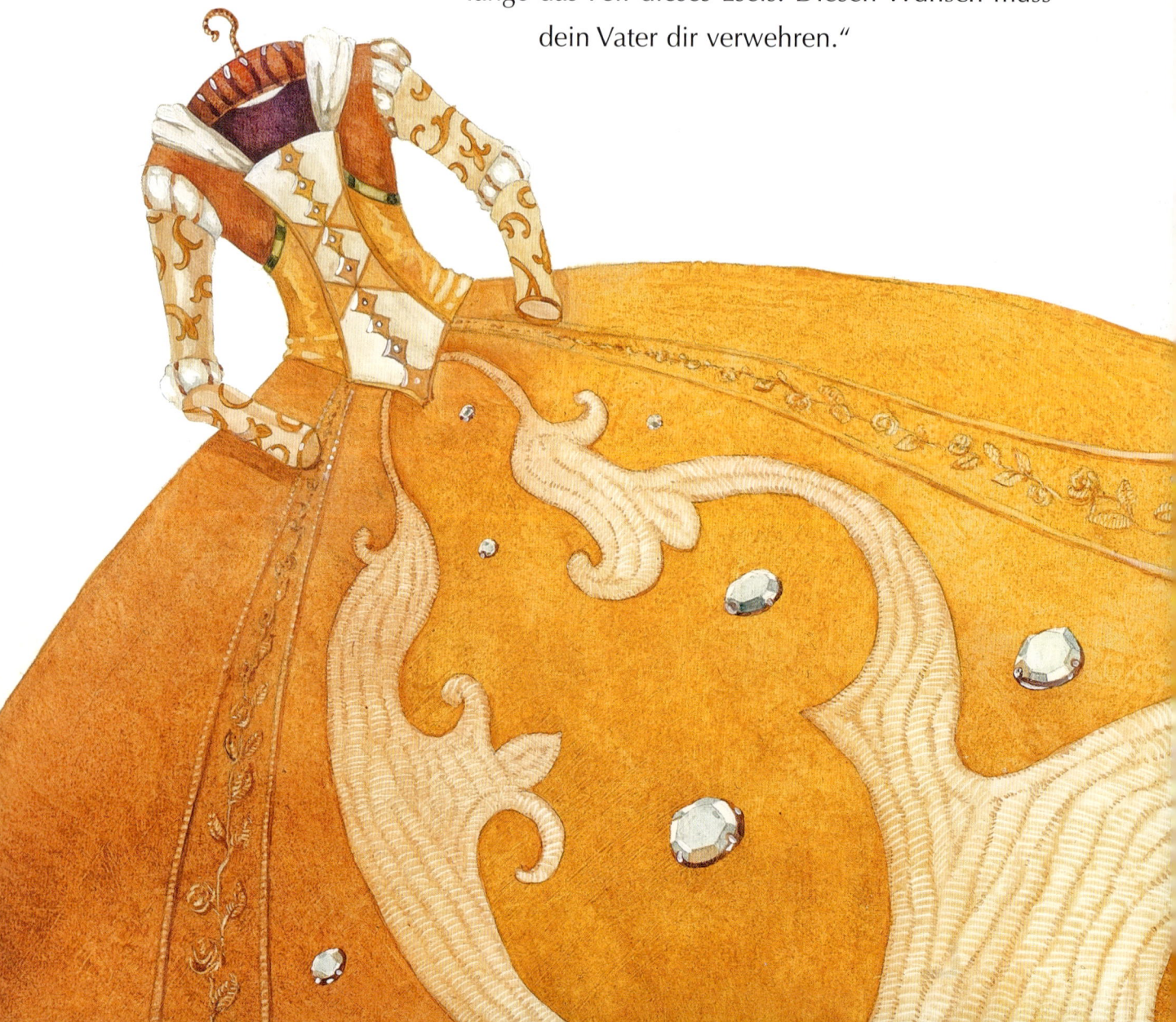

Zitternd trat die Prinzessin am nächsten Morgen vor ihren Vater und verlangte das Fell des Goldesels. Der König erschrak, doch er war so verblendet, dass er Befehl gab, den Goldesel zu töten. Als man der Prinzessin kurz darauf das Fell des armen Tieres auf ihr Zimmer brachte, weinte sie verzweifelt und wusste nicht mehr aus noch ein. Da erschien ihre Patin, die Fee, um sie zu trösten.

„Mein armes Kind, dein Vater ist offensichtlich durch nichts von diesem Irrsinn abzubringen. Doch kommt uns das Eselsfell gerade recht. Darunter kannst du dich verbergen und aus dem Palast fliehen. Gehe weit fort, so weit dich deine Füße tragen, dorthin, wo dich keiner kennt. Du hast die

schwere Aufgabe zu beweisen, dass am Ende allein die Tugend siegen wird. Nimm dieses Stöckchen und hüte es wohl. Wo immer du damit die Erde berührst, wird eine Truhe erscheinen, die all deine Kostbarkeiten enthält. Nun lebe wohl und gib auf dich acht."

Die Prinzessin nahm Abschied und verließ heimlich das Schloss. Gut verborgen unter dem Eselsfell wanderte sie weiter und weiter in die Welt hinaus.
Als man die Flucht der Prinzessin entdeckte, zitterten die Diener, die dem König die Nachricht überbringen sollten. Groß war sein Zorn und er ließ Boten aussenden, die überall nach der schönen Prinzessin suchten und sie doch nirgendwo fanden.

Es vergingen viele Wochen, die Prinzessin war weit durch die Lande gezogen. Überall hatte sie auf den Höfen nach einer Arbeit gefragt, aber niemand hatte das schmutzige Mädchen unter dem Eselsfell haben wollen. Man schenkte ihr mitleidig ein Stück Brot und schickte sie weiter. Endlich kam sie am Rande einer großen Stadt zu einem Hof, wo die Bäuerin eine Schmutzmagd suchte, die die Schweinetröge reinigen sollte. Man wies ihr eine kleine Kammer zu, doch das Mädchen war froh, sich einen Platz zum Schlafen und etwas zu essen zu verdienen. Die Dienerschaft verspottete sie und nannten sie nur „Eselshaut", doch da sie freundlich und fleißig war, gewöhnten sich bald alle an sie und ließen sie in Frieden.

Das Mädchen ertrug ihr hartes Leben ohne Klagen, doch als sie eines Tages die Ziegen und Schweine hütete, erblickte sie im Bach ihr Spiegelbild und erschrak über das hässliche Eselsfell und ihr schmutziges Gesicht. Rasch wusch sie sich rein und unter all dem Schmutz kam alsbald ihre ganze Schönheit wieder zum Vorschein. Am Abend schloss sie sich in ihrer Kammer ein, holte das Stöckchen hervor und berührte damit die Erde. Sofort erschien die Truhe und sie nahm vorsichtig eines der prachtvollen Kleider heraus und kleidete sich an. Von da an waren dies ihre glücklichsten Stunden, sie hatte Freude an ihrem Anblick und träumte sich in eine bessere Welt.

Es trug sich zu, dass der Prinz des Landes eines schönen Tages bei der Jagd am Gutshof vorbeiritt. Da er hungrig und durstig war, stieg er ab und stärkte sich. Dann lief er auf dem Hof umher und besah sich die Felder und Ställe. So kam er auch vor die Kammer von Eselshaut und spähte heimlich durch das Schlüsselloch hinein. Doch wie erstaunt war er, in der schäbigen Hütte das schönste Mädchen zu erblicken, das er jemals gesehen hatte. Augenblicklich verliebte er sich in sie, doch wagte er nicht die Türe zu öffnen.

Zurück auf dem Schloss, ging ihm die wunderbare Gestalt nicht aus dem Sinn und er schickte Boten aus, um mehr über sie zu erfahren. Doch wen sie auch fragten, niemand kannte das schöne Mädchen. Nur eine schäbige Magd namens Eselshaut lebe in der Kammer. Schwermut legte sich auf das Herz des Prinzen und er wurde matt und krank. Seine Mutter, die Königin, war sehr besorgt und ließ die besten Ärzte rufen. „Der Prinz hegt einen großen Kummer", erklärten die Ärzte, doch niemand vermochte seinen Schmerz zu heilen.

Die Königin versuchte, ihren Sohn aufzumuntern und versprach, ihm jeden seiner Wünsche zu erfüllen und ihm nichts abzuschlagen.

„Wenn dem so ist, liebe Mutter, so verlange ich nach einem Kuchen. Diesen soll mir die Magd namens Eselshaut zubereiten. Keine andere soll ihn backen!"

Sofort wurden Diener ausgeschickt, um den Kuchen zu bestellen. Nur zu gerne machte sich Eselshaut an die Arbeit. Sie verschloss die Türe, wusch sich rein und zog zu Ehren dieses Werks das silberne Kleid und königlichen Schmuck an. Dann wählte sie die besten Zutaten aus und begann mit der Zubereitung des Kuchens. Beim Kneten rutschte ihr unbemerkt ein Ring von den zarten Fingern und fiel in den Teig. Als der Kuchen fertig war, warf sie rasch die Eselshaut über und übergab ihn an die Diener.

Beim köstlichen Duft des Kuchens kehrte der Appetit des Prinzen zurück. Er ließ sich ein großes Stück auftragen und biss herzhaft hinein.

Er aß so viel und so gierig, dass er um ein Haar den kostbaren Ring verschluckt hätte. Er sah voller Freude auf das Schmuckstück, denn nun war er gewiss, dass das schöne Mädchen kein Trugbild war. Doch wie sollte er es nur anstellen, sie zur Frau zu bekommen? Als Prinz konnte er nimmermehr eine Schmutzmagd heiraten und er schämte sich zuzugeben, dass er aus Neugierde durch das Schlüsselloch geblickt hatte. Der Prinz grübelte Tag und Nacht und verfiel erneut in Schwermut. Niemandem gelang es, ihn aufzuheitern. Wieder wurden die Ärzte geholt und erklärten, der Prinz sei liebeskrank.

Das Königspaar eilte an sein Bett und wollte erfahren, wem sein Herz gehöre. Sie versprachen jeder Vermählung zuzustimmen, damit er von seiner Schwermut geheilt werde.

Der Prinz willigte ein und sprach: „Ja, liebe Mutter, ich will mir eine Frau nehmen. Doch werde ich nur ein Mädchen heiraten, dem dieser Ring passt." Damit zog er das kostbare Schmuckstück aus seiner Rocktasche. Der König und die Königin wunderten sich, wer wohl einen so zarten Ring anstecken könne. Es musste jedoch ein Mädchen mit vornehmer Herkunft sein, das einen so wertvollen Ring sein Eigen nennen konnte.

So ließ man alle heiratsfähigen Prinzessinnen, Fürstinnen und Herzoginnen rufen und führte sie dem Prinzen vor. Doch keiner Einzigen passte der Ring.

Dann holte man die Kaufmannstöchter und die Pfarrerstöchter herbei. Schließlich die Schneiderinnen, Köchinnen und Dienstmägde. Vergeblich. Niemand besaß solch zarte Hände.

„Du hast nun alle jungen Frauen des Landes gesehen", sagte die Königin betrübt.

„Nein, Mutter, es fehlt noch Eselshaut, die mir den feinen Kuchen gebacken hat", antwortete der Prinz.

Der Hofstaat lachte und spottete, dass man ein so schmutziges Wesen nicht an den Hof holen könne. Doch der König bestand darauf, dass Eselshaut geholt werde und sie den Ring anprobieren solle: „Ich möchte nicht, dass man sagt, ich hätte Ausnahmen gemacht!"

Als Eselshaut in ihrem abschreckenden Fell in den Thronsaal trat, erschrak die Königin und der Hofstaat rümpfte verächtlich die Nase.

Vorsichtig reichte Eselshaut dem Prinzen ihre Hand und er steckte mühelos den Ring an ihren schlanken Finger. Da warf das Mädchen die Eselshaut ab und stand in voller Pracht vor dem Prinzen. Sie trug das Sonnenkleid, das mit ihrer Schönheit um die Wette strahlte. Niemand hatte je ein anmutigeres Geschöpf gesehen.

Da erschien die Fliederfee, ihre Patin, und erzählte die ganze wundersame Geschichte. Der Hof verneigte sich tief vor der Prinzessin, die nicht nur schön, sondern auch ebenso tugendhaft und klug war.

Die Vermählung von Eselshaut und dem Prinzen wurde alsbald beschlossen und aus allen Ländern trafen die geladenen Gäste ein. Darunter erkannte die Prinzessin ihren Vater und kam mit bangem Herzen ihn zu begrüßen. Mit Tränen in den Augen schloss er sein Kind in die Arme und bat sie, ihm zu verzeihen, denn er hatte seinen Irrsinn abgelegt und sich längst eine neue Frau genommen. Nun war sie endlich von ihrem Kummer befreit und heiratete glücklich ihren Prinzen. So wendete sich alles zu Glück und Freude.

Fingerhütchen

Es war einmal ein armer Mann, der lebte im Tal von Acherlow am Fuße des finsteren Galti-Berges. Er hatte einen großen Höcker auf dem Rücken und es sah gerade aus, als wäre sein Leib heraufgeschoben und auf seine Schultern gelegt worden. Von dieser Wucht wurde ihm der Kopf so tief herabgedrückt, dass, wenn er saß, sein Kinn sich auf seine Knie zu stützen pflegte.

Die Leute in der Gegend hatten Scheu, ihm an einem einsamen Orte zu begegnen und doch war das arme Männchen so harmlos und friedliebend wie ein neugeborenes Kind. Aber er war so verunstaltet, dass er kaum wie ein menschliches Geschöpf aussah, und boshafte Leute hatten seltsame Geschichten über ihn verbreitet.

Fingerhütchen war sein Spottname, weil er auf seinem kleinen Hut immer einen Zweig des roten Fingerhuts oder des Elfenkäppchens trug. Man erzählte sich, er besitze große Kenntnis der Kräuter und Zaubermittel; aber gewiss ist, dass er eine geschickte Hand hatte, um Hüte und Körbe aus Stroh und Binsen zu flechten. Auf diese Weise erwarb er sich auch sein Brot. Für seine geflochtenen Arbeiten erhielt er einen Groschen mehr als manch anderer und aus Neid darüber mögen einige wohl die wunderlichen Geschichten über ihn in Umlauf gebracht haben.

Es trug sich zu, dass Fingerhütchen eines Abends von der Stadt Cahir nach Cappagh ging und da er wegen des lästigen Höckers auf dem Rücken nur langsam vorwärtskonnte, so war es schon dunkel, als er an das alte Hünengrab von Knockgrafton kam, das rechter Hand am Wege lag. Müde und abgemattet, niedergeschlagen, weil er wusste, dass der Weg noch weit war und er die ganze Nacht hindurch wandern müsse, setzte er sich unter den Grabhügel, um ein wenig auszuruhen. Betrübt sah er den Mond an, der eben silbern aufstieg.

Da drang eine fremdartige, unterirdische Musik zu den Ohren des armen Fingerhütchens. Er lauschte und es war ihm, als habe er noch nie so etwas Entzückendes gehört. Es war wie der Klang vieler Stimmen, deren jede zu der andern sich fügte und wunderbar einmischte, sodass es nur eine einzige zu sein schien, während doch jede einen besonderen Ton hielt.

Die Worte des Gesangs waren diese: „Da Luan, Da Mort, Da Luan, Da Mort, Da Luan, Da Mort" (Montag, Dienstag, Montag, Dienstag). Danach kam eine kleine Pause, und die Musik fing wieder von vorne an.

Fingerhütchen horchte aufmerksam und wagte kaum zu atmen, damit ihm auch nicht der geringste Ton verloren ginge. Er merkte nun deutlich, dass der Gesang mitten aus dem Grabhügel kam, und obgleich anfangs auf das Höchste davon erfreut, ward er es doch endlich müde, denselben Rundgesang in einem fort, ohne Abwechslung, anzuhören.

Als abermals „Da Luan, Da Mort" dreimal gesungen war, benutzte er die kleine Pause, nahm die Melodie auf und führte sie weiter mit den Worten: „Augus Da Cadine!" (Mittwoch). Dann fiel er mit den Stimmen in dem Hügel ein, sang „Da Luan, Da Mort", endigte aber bei der Pause mit seinem „Augus Da Cadine".

Die Kleinen in dem Hügel, als sie den Zusatz zu ihrem Geistergesang vernahmen, freuten sich außerordentlich darüber und beschlossen sogleich das Menschenkind, dessen musikalische Geschicklichkeit die ihrige so weit übertraf, hinunterzuholen und Fingerhütchen ward mit der kreisenden Schnelligkeit des Wirbelwindes in ihr unterirdisches Reich getragen.

Das war eine Pracht, die ihm in die Augen leuchtete, als er in den Hügel hinabkam, rund umherschwebend, leicht wie ein Strohhälmchen! Und die lieblichste Musik hielt ordentlich Takt bei seiner Fahrt. Die größte Ehre wurde ihm aber gezeigt, als sie ihn über alle Spielleute setzten. Er hatte Diener, die ihm aufwarten mussten, alles, was sein Herz begehrte, wurde erfüllt und er sah, wie gerne ihn die Kleinen hatten; kurz, er wurde nicht anders behandelt, als wenn er der erste Mann im Lande gewesen wäre.

Bald bemerkte Fingerhütchen, dass sie die Köpfe zusammensteckten und miteinander ratschlagten und sosehr ihm auch ihre Artigkeit gefiel, so fing er doch an, sich zu fürchten.

Da trat einer der Kleinen zu ihm hervor und sagte:

„Fingerhut, Fingerhut!

Fasse frischen Mut!

Lustig und munter,

dein Höcker fällt herunter,

siehst ihn liegen, dir geht's gut,

Fingerhut, Fingerhut!"

Kaum waren die Worte zu Ende, so fühlte sich Fingerhütchen so leicht, so selig, dass er wohl in einem Satz über den Mond weggesprungen wäre, wie die Kuh in dem Märchen von der Katze und der Geige. Er sah mit der größten Freude von der Welt den Höcker von seinen Schultern herab auf den Boden rollen. Er versuchte darauf, ob er seinen Kopf in die Höhe heben könnte, tat es aber mit Vorsicht und Verstand, aus Furcht, er möchte ihn an dem Tafelwerk der großen Halle anstoßen. Dann aber schaute er

ringsherum mit voller Bewunderung und ergötzte sich an all den Dingen, die ihm immer schöner vorkamen. Zuletzt ward er so überwältigt von der Betrachtung des glänzenden Reichs, dass ihm der Kopf schwindelte, die Augen geblendet wurden und er in einen tiefen Schlaf verfiel.

Bei seinem Erwachen war es voller Tag. Die Sonne schien hell, die Vögel sangen und er lag gerade an dem Fuße des Riesenhügels, während Kühe und Schafe friedlich um ihn her weideten. Nachdem Fingerhütchen sein Gebet gesagt hatte, war seine erste Tat, mit der Hand nach seinem Höcker zu greifen, aber es war auf dem Rücken keine Spur davon zu finden, und er betrachtete sich nicht ohne Stolz, denn aus ihm war ein wohlgebildeter, behänder Bursche geworden, und, was keine Kleinigkeit schien, er sah sich von Kopf bis zu Füßen in neuen Kleidern und merkte wohl, dass die Kleinen ihm diesen Anzug besorgt hatten.

Nun machte er sich auf den Weg nach Cappagh, er ging so tapfer daher und sprang bei jedem Schritte, als wenn er es sein Lebtag nicht anders gewohnt gewesen wäre. Niemand, der ihm begegnete, erkannte Fingerhütchen ohne seinen Höcker wieder und er hatte große Mühe, die Leute zu überreden, dass er es wirklich wäre und in der Tat, seinem Aussehen nach war er es auch nicht mehr.

Wie es aber zu gehen pflegt, wurde die Geschichte von Fingerhütchens Höcker überall bekannt. Meilenweit in der Gegend redete jedermann, vornehm oder gering, von nichts anderem als von diesem Wunder.

Eines Morgens saß Fingerhütchen an seiner Haustüre und war guter Dinge. Da trat eine alte Frau zu ihm und sagte: „Zeigt mir doch den Weg nach Cappagh."

„Ist nicht nötig, liebe Frau", antwortete er, „denn das ist hier Cappagh, aber wo kommt ihr her?"

„Ich komme aus der Gegend von Decie in der Grafschaft Waterford und suche einen Mann, der Fingerhütchen genannt wird", antwortete die Frau.

„Dem sollen die Elfen einen Höcker von der Schulter genommen haben. Der Sohn meiner Gevatterin, der hat einen Höcker auf sich sitzen, der ihn noch totdrücken wird; vielleicht würde er auch davon erlöst, wenn er wie Fingerhütchen ein Zaubermittel anwenden könnte. Nun könnt Ihr Euch denken, warum ich von so weit hergekommen bin, denn ich möchte, wenn es möglich wäre, etwas von dem Zaubermittel erfahren."

Fingerhütchen, der immer gutmütig gewesen war, erzählte der alten Frau den Hergang ganz ausführlich. Wie er den Gesang der Elfen in dem Grabhügel fortgeführt, wie sie den Höcker von seinen Schultern weggenommen und wie sie ihm einen neuen Anzug von Kopf bis zu Füßen noch obendrein gegeben hätten.

Die alte Frau dankte ihm tausend Mal und machte sich wieder auf den Heimweg, zufriedengestellt und ganz glücklich in ihren Gedanken. Als sie bei ihrer Gevatterin in der Grafschaft Waterford angelangt war, erzählte sie genau, was sie von Fingerhütchen erfahren hatte. Danach setzte sie den kleinen buckeligen Kerl, der sein Leben lang ein heimtückisches, hämisches Herz gehabt hatte, auf einen Wagen und zog ihn fort. Es war ein langer Weg. „Aber was tut das", dachte sie bei sich, „wenn er nur den Höcker loswird". Eben als die Nacht einbrach, langte sie bei dem Hügel an und legte ihn dabei nieder.

Hans Madden, denn das war der Name des Buckeligen, hatte noch gar nicht lange dort gesessen, so fing schon die Musik in dem Hügel an, noch viel lieblicher als je, denn die Elfen sangen ihr Lied mit dem Zusatz, den sie von Fingerhütchen gelernt hatten: „Da Luan, Da Mort, Da Luan, Da Mort, Da Luan, Da Mort, Augus Da Cadine" ohne Unterbrechung.

Hans, der nur geschwind seinen Höcker los sein wollte, wartete nicht, bis die Elfen mit ihrem Gesang fertig waren, noch achtete er auf einen schicklichen Augenblick, um die Melodie weiter fortzuführen, sondern als sie ihr Lied mehr als siebenmal in einem fort gesungen hatten, schrie er ohne Rücksicht auf Takt und Weise der Melodie, und wie er seine Worte passend anbringen könnte, aus vollem Halse: „Augus Da Dardine, augus Da Hena" (Donnerstag und Freitag) und dachte bei sich: ‚War ein Zusatz gut, so sind zwei noch besser, und hat Fingerhütchen einen neuen Anzug erhalten, so werden sie mir wohl zwei geben.'

Kaum waren aber die Worte über seine Lippen gekommen, so ward er aufgehoben und mit wunderbarer Gewalt in den Hügel hineingetragen. Hier umringten ihn die Elfen, sie waren sehr böse, und schreiend und kreischend riefen sie: „Wer hat unseren Gesang geschändet? Wer hat unseren Gesang geschändet?"

Einer trat hervor und sprach zu ihm:
„Hans Madden, Hans Madden!
Deine Worte schlecht klangen,
so lieblich wir sangen,
hier bist du gefangen,
was wirst du erlangen?
Zwei Höcker für einen! Hans Madden!"

Und zwanzig von den stärksten Elfen schleppten Fingerhütchens Höcker herbei und setzten ihn oben auf den Buckel des unglückseligen Hans Madden und da saß er so fest, als wenn er mit Zwölfpfennigs-Nägeln von dem besten Zimmermann, der je Nägel eingeschlagen hat, aufgenagelt worden wäre. Danach stießen sie ihn mit den Füßen aus ihrer Wohnung und am Morgen, als Hans Maddens Mutter und ihre Gevatterin kamen, um nach dem kleinen Kerl zu sehen, so fanden sie ihn an dem Fuß des Hügels liegen, halb tot mit einem zweiten Höcker auf seinem Rücken. Sie betrachteten ihn eine nach der andern, aber es blieb dabei. Am Ende ward ihnen angst, es könnte ihnen auch ein Höcker auf den Rücken gesetzt werden. Sie brachten den armseligen Hans wieder heim, so betrübt im Herzen als nur je ein paar alte Weiber. Hans, durch das Gewicht des zweiten Höckers und die lange Fahrt erschöpft, starb bald hernach, indem er jedem eine schwere Verwünschung hinterließ, der je wieder auf den Gesang der Elfen horchen wollte.

Der Elfenring

An einem schönen Herbsttage sagte Timothy O'Sheagh zu seiner Mutter: „Liebe Mutter, ich reite auf meinem Esel nach Wexford zum Markte, und wenn ich all meine Kohlköpfe verkauft habe, hole ich Sheila-Mo-Gee, meine Braut ab, um dir das süße Mädchen vorzustellen."

„Ich werde mich gewiss freuen, deine Liebste kennenzulernen", erwiderte die Mutter. „Aber ich warne dich! Heute am Vorabend vor Allerheiligen tanzen die Elfen den Reigen und gerätst du in den Ring, bist du gebannt und findest nimmer den Rückweg."

„Ach, Mutter", lachte der Bursche, „wer wird an solche Ammenmärchen glauben? Ich fürchte nicht die Elfen und nicht ihren Zauberkreis."

„Höre auf meine Worte, Sohn!", gab die Mutter ernst zur Antwort. „Versprich mir wenigstens, zu tun, wie ich dir rate. Fühlst du dich im Elfenring gefangen, ziehe deinen Mantel aus und häng ihn mit dem grünen Futter nach außen um, auf dass die Elfen erkennen, dass du ihr Freund bist. Tust du es nicht, wird dein Esel keinen Schritt vorwärts tun."

„Wenn es dir eine Beruhigung verschafft, liebe Mutter, will ich es tun", lächelte Timothy und trabte auf seinem Grautier fröhlich von zu Hause fort. Er verkaufte auf dem Markt sein Gemüse und ritt dann nach dem Hause seiner Braut.

„Komm", sagte er, „setz dich hinter mich auf mein Langohr, denn ich will dich daheim meiner Mutter vorstellen."

Sheila war es zufrieden. Sie schwang sich hinter Timothy auf den Rücken des Esels, schlang ihre Arme um den Geliebten und so ritten sie im Dämmern des Abends selig dahin. Beide merkten nicht, wie allmählich die Schatten aus dem Boden stiegen und der silberne Mond über den Hügeln sich erhob. Doch plötzlich blieb der Esel stehen und kein gutes Wort, kein Schlag mit der Gerte vermochten ihn vorwärtszutreiben.

„Timothy", stammelte Sheila, „wir sind in einen Elfenring geraten!"

„Dummes Zeug!", ärgerte sich ihr Bräutigam. „Glaubst denn auch du an diese törichte Fabel?"

„Und es ist doch so!", ereiferte sich das Mädchen. „Wer in einen Elfenring gerät, verliert Weg und Richtung und findet nimmer heim."

Da ward es auch Timothy ungut zumute. Er erinnerte sich der Worte seiner Mutter, und etwas verlegen lächelnd zog er seinen Mantel aus und hing ihn mit dem grünen Futter nach außen um die Schultern. Und siehe da, der Esel ging wieder willig dahin und brachte beide glücklich nach Hause.

Nun, meine Kinder, wollt ihr wohl wissen, warum der Esel sich weigerte, vorwärtszugehen? Warum? Weil er, obwohl er nur ein Tier war, die kleinen Elflein sehen konnte und mit seinem schweren Huf keines verletzen wollte. Als nun Timothy seinen Mantel umdrehte, erkannten die Elfen an dem grünen Futter, dass er ihr Freund sei und öffneten den Ring, um den Esel mit den beiden Liebenden durchzulassen.

Noch heute glaubt das Volk in Irland an das Volk der Elfen, Zwerglein und Feen, das dem Menschengeschlechte nicht feindlich gesinnt ist, das aber nur ein Esel mit den Augen wahrzunehmen vermag.

Quellenverzeichnis:

Das Mädchen aus dem Apfel
italienisches Volksmärchen, nacherzählt von Arnica Esterl.

Aschenbrödel
französisches Märchen von Charles Perrault aus der Märchensammlung „Histoires ou Contes du temps passé, avec des moralités", erschienen 1697. Nacherzählt von Arnica Esterl.

Die Elfenkönigin Hild
Märchen aus Irland, nacherzählt von Arnica Esterl.

Der Ritter im Feenland
irisches Märchen, nacherzählt von Arnica Esterl.

Eselshaut
französisches Märchen von Charles Perrault aus den „Contes en vers" aus dem Jahre 1695. Nacherzählt von Sylvia Tress.

Fingerhütchen
Märchen von den Brüdern Grimm aus der Sammlung „Irische Feenmärchen" aus dem Jahre 1826. Bearbeitet von Arnica Esterl.

Der Elfenring
Lutkat, Sabine (Hg.), *Feen-Märchen*, S. 136 ISBN: 978-3-86826-058-8
Mit freundlicher Genehmigung des Königsfurt-Urania Verlag, Krummwisch
© 2015 by koenigsfurt-urania.com